...OIRE

Presenté par Monsieur

DE

WICQUEFORT,

à

Son Altesse Serenissime le Duc de

Brunswick-Lunebourg

Zell.

l'An MDCLXIX.

MEMOIRE

Presenté par Monsieur

DE

WICQUEFORT,

a

Son Altesse Serenissime le Duc de

Bronswijck - Lunenburgh

Zell.

l'An MDCLXXIX.

Memoire presenté par Monsr. de Wicquefort, a Son Altesse Serenissime le Duc de Bronswyck-Lunenburgh Zell.

MONSEIGNEUR,

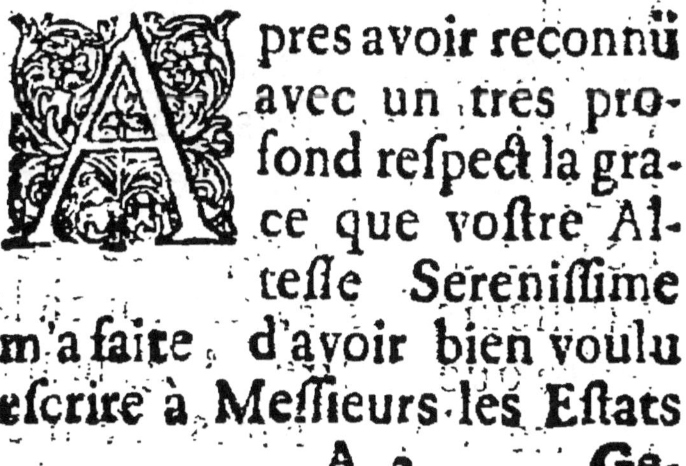

Apres avoir reconnü avec un tres profond respect la grace que vostre Altesse Serenissime m'a faite, d'avoir bien voulu escrire à Messieurs les Estats Ge-

Generaux pour mes interets, & de me faire communiquer leur réponce, il la supplie tres humblement de me permettre d'y faire quelque remarques & de me continuer comme à son tres obeissant serviteur, & son fidele Ministre, la protection qui est deüe à mon innocence, jusqu à ce qu'on luy fasse la justice & la reparation, que l'on ne peut refuser à un Prince Souverain qui ne demande qu'à joüir du benefice du droit des Gens; Je ne suis point du tout surpris, Monseigneur, de voir dans la réponce que Messieurs les Estats font à la lettre que vostre A. S. leur a escrite du 11. Mars dernier les

les mesmes termes, que leur Hautes Puissances employent dans leur resolution du 28. Mars 1675., parce que l'on n'a garde de passer plus outre presentement que l'on a fait en ce temps là, mais il y a de quoy s'estonner de ce que dans une assembleé qui est composée de tant de personnages graves, l'Autheur Vueille bien soûtenir en l'une & l'autre que j'ay esté au service de l'Estat & y adjouster dans la réponce que je l'ay aussy esté à celuy des Estats d'Hollande; Je le nie formellement & si est ce quil suffiroit pour en destruire le contenu, vostre A. S. en pourra juger avec tous l'Univers de ce que l'on en doit croire, aprés que j'auray remarqué que l'on ne ſçauroit dire en quelle qualité j'ay ſervi l'Eſtat, quelle charge ou quelle office j'ay eu, qu'il eſt certain que l'on ne m'a donné n'y gage ny appoinctements. que je n'ay pas eſté couché ſur l Eſtat de la guerre, que je n'ay point fait de ſerment de fidelité qui m'attachaſt au ſervice de leurs Hautes Puiſſances; Et qu'on ne ſçauroit produire aucune commiſſion, brevet, ny reſolution qui marque rien de tout cela, ce qui n'eantmoins ſeroit neceſſaire & eſſentiel pour ſoutenir ce que Meſſieurs les Eſtats poſent en leur réponce du 28 d'Avril der-

dernier, en disant que j'ay esté à leur service.

l'Autheur de la Resolution du 28 Mars 1675. dit bien que j'ay esté salarié & payé de mes services, mais vostre Altesse Serenissime est tres-humblement suppliée de vouloir considerer que la sentence parle bien plus proprement, veu que l'on ne m'a jamais donné des gages ou des appointements fixes & reglés, & que les Estats Generaux ne pouvoient pas mesme m'en donner sans le consentement exprés & unanime de toutes les provinces, & celles-cy n'y ont jamais consenty, au contraire j'offre de verifier que j'ay esté quatre ans entier sans toucher un seul denier de la part de l'Estat en General, ce qu'il m'a fait donner depuis de temps en temps, n'a esté qu'une pure gratification, tantost plus tantost moins, & il ne se peut que plusieurs Messieurs de l'Assemblée ne se souviennent d'une Deputation formele que Messieurs les Estats Generaux me firent il y a plus de dix ans, si je ne me trompe, de feu Monsieur de Witsen Bourgemaistre d'Amsterdam & de Monsieur de Cromon, pour me disposer à me contenter d'une recompence Mediocre, & qui n'avoit point de proportion avec la

peine

peine que j'avois eüe pendant quelques annees; Ce qu'ils n'auroient point fait si j'eusse effectivement esté à leur service: C'est dont je me rapporte aux registres de la Generalité, aussy bien que touchant la resolution que leur Hautes Puissances prirent le 25. Mars 1665. par la quelle ils me dispensent de ne plus rien faire pour eux à l'advenir.

Le service que je leur ay rendu devant, & qu'ils ont desiré de moy depuis ce temps là a esté volontaire, & leurs recompenses ont esté gratuites; ainsy qu'il paroit par des resolutions differentes que les Estats Generaux ont prises tout les ans, sans que je les en aye requis ou sollicités : j'estime y pouvoir adjuster sans vanité qu'outre les autres services considerables que j'ay rendüs a l'Estat, il n'a jamais bien parlé aux Princes estrangers que pendant que je luy ay presté ma plume.

Il est vray que j'en ay aussy servi Messieurs les Estats d'Hollande, mais je n'ay pas esté à leur gage, ny à leur serment non plus. Et si leurs Illustres & Grandes Puissances ont bien voulu reconnoistre mon Zéle & mon affection, ils y ont employé les derdeniers destinés pour les correspondences secrettes, & m'ont fait des gratifications, sans que je les aye demandé, ou que j'en aye donné quittance, maniere bien contraire à celle dont elles usent avec tous ceux qui sont en leur service.

Il est vray encore que Messieurs les Estats d'Hollande ont envoyé chéz moy feu Monsieur de Wemmenum & de Wit leurs Deputés, pour me convier d'ecrire l'Histoire du Pays, en m'offrant pour cela non des gages, mais une pension proportionné à l'application, que j'y apporterois : j'y ay travaillé & j'ose dire avec quelque ſuccés, & il m'en eſt deüe encore une ſomme conſiderable, mais peut on dire pour cela que j'aye eſté au ſervice de Meſſieurs les Eſtats d'Hollande, & ne doit on pas diſtinguer entre une penſion incertaine & conditionée & entre des gages appointements reglés, qui ſont inſeparables des charges & des offices : juſques icy leurs Illuſtres & Grandes Puiſſances, n'ont pas pretendu que j'aye eſté en leur ſervice & ce n'eſt que depuis le 28 d'Avril dernier, que Meſſieurs les Eſtats Generaux s'aviſent de faire cette avance pour Elles, ſans une preuve, & Dieu ſçait ſur qu'el fondement &

ſur

sur quelle authorité.

J'Estime de voir adjouster à ce que je vient de dire, que quand j'aurois effectivement esté au service de l'Estat en General & de la Province d'Hollande en particulier, Ce service ne me pouvoit pas deposseder des privileges, avantages & prerogatives de mon Caractere, ny assujettir à la jurisdiction de la justice ordinaire le Ministre publicq de vostre Altesse Serenissime, non plus de Messieurs de Chernace & d'Estrades à celle du conseil de guerre pendant qu'ils estoient Ministres, quoy que comme officiers ils fussent au gage & au serment de l'Estat en General, & des

Estats

Estats d'Hollande en particulier : Ce qui est si certain qu'il n'y a point d'ignorance ny d'aveuglement qui l'a puisse contester, quand mesmes je ne le pourrois pas verifier par de preuves invincibles.

Il plaira aussy à vostre A. S. de remarquer ce que Messieurs les Estats avoüent en leur réponce, que j'estois à vostre service ; adveu qui les constitue aussy bien que toutes les autres Puissances, qui m'ont reconnu pour Ministre, dans l'obligation indispensable de communiquer à vostre A. S. toutes les procedures, & qui luy doit inspirer un Legitime ressentiment d'un procede

cede si injuste & si injurieux à sa grandeur, & si incompatible avec les importans services qu'elle a rendus à l'Alliance & à la cause commune. Messieurs les Estats donnent un tres meschant pretexte à leur des-obligeant refus, quand ils disent qu'ils ne peuvent pas toucher à une chose determinée par des juges competents. Je n'ay dit cy-dessus qu'un mot de cette pretenduë competence. Toutes fois si vostre A. S. veut bien que je me donne la liberté de la debatre, je mettray l'incompetence de la Cour de justice d'Hollande dans une si grande evidence, que la clairté du soleil ne le sera pas d'avand'avantage en plein midy.

Cependant qu'il me soit permis de faire remarquer icy, que l'autheur de la reponce ne considere pas bien ce qu'il dit, quand il veut faire croire qu'il est au choix de leurs Puissances de prendre ou de ne pas prendre connoissance de cette affaire, & de faire ou de ne faire reparation à vostre A. S. Messieurs les Estats Generaux en admettant le Ministre de vostre A. S. ont fait un contract tacite avec Elle, & sont entrez dans une obligation reciproque de faire jouir ce Ministre de la seureté de la foy publique, puis qu'il residoit auprés d'Eux, & non auprés des Estats d'Hollande,

qui

qui en cette rencontre ne font que partie d'un tout, qui represente la souverainité de l'Estat. Ils ne peuvent pas sortir de cette obligation sans le consentement de vostre A. S., mais comme ils doivent étre tenus de s'opposer à la violence qui a esté faite au mesme Ministre en leur presence, ainsy sont ils indispensablement tenus de reparer celle quils n'ont pas empesché, si vostre A. S. a la bonté de permettre que je publie ce que je puis dire pour un justification contre la resolution du 28 Mars 1675. contre les procedures, & contre la sentence de la Cour d'Hollande, on sera contraint d'a-

voüer

voüer que difficilement trouvera-on une affaire ou il reside tant de nullités, mais il importe à la gloire & à l'interest de vostre A. S. de ne pas souffrir qu'on verbalise sous quelque prétexte que ce puisse estre dans cette rencontre, ou l'on ne peut differer de luy donner satisfaction, sans qu'on entre en des nouvelles contestations; C'est pourquoy je me contenteray de joindre a ce Memoire des certaines positions que j'appuyeray des preuves incontestables; soumettrant pour cét effet ma vie & mon honneur à la justice de vostre A. S., que je dois seule reconnoistre, comme je m'asseure de l'autre côté,

qu'Elqu'Elle protegera mon innocence puiſſament, & qu'Elle employera pour cét effect les moyens que la nature, le droit des Gens & ſon honneur luy fourniſſent pour la conſervation de la Haute dignité, qu'Elle prétend transmettre à ſa poſterité auſſy entiére, qu'Elle l'a recèue de ſes Predeceſſeurs & Anceſtres.

Eſtoit ſigné

ABRAHAM de WICQUEFORT.

www.ingramcontent.com/pod-product-compliance
Lightning Source LLC
LaVergne TN
LVHW020510230826
846091LV00008BA/3442

* 9 7 8 2 0 1 9 9 1 0 1 7 4 *